Michael Kloepfer
Staatliche Informationen als Lenkungsmittel

Schriftenreihe
der
Juristischen Gesellschaft zu Berlin

Heft 157

W
DE
G

1998
Walter de Gruyter · Berlin · New York

Staatliche Informationen als Lenkungsmittel

dargestellt insbesondere am Problem
behördlicher Warnungen und Empfehlungen
im Umweltrecht

Von
Michael Kloepfer

Vortrag
gehalten vor der
Juristischen Gesellschaft zu Berlin
am 14. Januar 1998

W
DE
G

1998
Walter de Gruyter · Berlin · New York

Dr. *Michael Kloepfer,*
Professor für Staats- und Verwaltungsrecht, Europarecht,
Umweltrecht, Finanzrecht und Wirtschaftsrecht,
Humboldt-Universität zu Berlin

♾ Gedruckt auf säurefreiem Papier,
das die US-ANSI-Norm über Haltbarkeit erfüllt.

Die Deutsche Bibliothek – CIP-Einheitsaufnahme

Kloepfer, Michael:
Staatliche Informationen als Lenkungsmittel : dargestellt insbesondere
am Problem behördlicher Warnungen und Empfehlungen im
Umweltrecht ; Vortrag gehalten vor der Juristischen Gesellschaft zu
Berlin am 14. Januar 1998 / von Michael Kloepfer. - Berlin ; New
York : de Gruyter, 1998
(Schriftenreihe der Juristischen Gesellschaft zu Berlin ; H. 157)
ISBN 3-11-016275-X

Inhalt*

---

* Meinem Assistenten, Herrn Assessor Claudio Franzius, Berlin, danke ich für seine Mitarbeit.

6

A. Grundlagen und Typen staatlichen Informationshandelns

I. Allgemeines

1. Information als Handlungsvoraussetzung des Staates

Nur wer informiert (ist), kann in einer Informationsgesellschaft auf Dauer bestehen. Der oft beschworene Eintritt in diese Informationsgesellschaft offenbart sich auf vielfältige Weise. Informationen bergen gewiß Risiken (etwa für die Privatsphäre), bieten aber vor allem auch Chancen: Chancen für rationale Politik, für die erforderliche Politikakzeptanz in der Bevölkerung und für eine erfolgreiche Unternehmensführung. Für den Bürger sichern Informationen das berufliche Fortkommen, sie können wirtschaftlichen Wohlstand bedeuten und versprechen gesellschaftliches Ansehen. Ohne ausreichende Informationen droht der soziale Abstieg des Bürgers, das wirtschaftliche „Aus" für Unternehmen und die Unregierbarkeit eines Staates.

Im Umweltschutz bedeutet dies für den Bürger und für die Gesellschaft den Zugang zu Umweltinformationen, wie dies z. B. nach dem UIG, dem allgemeinen Akteneinsichtsrecht gemäß § 29 VwVfG sowie etwa in den umweltrechtlichen Zulassungsverfahren mit Öffentlichkeitsbeteiligung gewährleistet ist.

Aber auch der Staat braucht vielfältige Umweltinformationen, denn ein (effektiver) Umweltschutz verlangt mannigfaltige Informationen.[1] Um seinen zahlreichen Aufgaben gerecht zu werden, benötigt der Staat selbst immer mehr Informationen. Die modernen Gestaltungsaufgaben des Staates setzen heute eine kaum noch zu überschauende Fülle an Informationen (und Informationsvorräten) voraus. Denn fehlende oder nicht ausreichende Informationen bilden eine grundsätzliche Sperre für staatliches Handeln (jedenfalls soweit dieses rational sein soll). Umweltinformationen gewinnt der Staat für seine Entscheidungen etwa durch Anmelde- und Meldepflichten der Bürger (z. B. nach §§ 4 ff. ChemG), durch eigene behördliche Erkundigungen, durch Sachverständigenkommissionen etc. und auch durch die wichtigen Umweltstatistiken.[2] Der Informationshunger des Staates tritt dabei in den schon heute latent angelegten Konflikt zum Datenschutz oder auch zum Schutz des Betriebs- und Geschäftsgeheimnisses. Dieser subjektiv-rechtlich geprägte Geheimnisschutz läßt bisher noch kaum Maßstäbe für eine – auch die staatliche Verantwortung für den Umweltschutz einbeziehende – Informationsordnung erkennen.

---

[1] Vgl. *Kloepfer*, Umweltrecht, 2. Aufl., 1998, § 5 Rdn. 163 ff.

[2] Nach dem Gesetz über Umweltstatistiken (Umweltstatistikgesetz – UStatG) vom 21. 9. 1994, BGBl. I S. 2530.

2. Information als Lenkungsmittel des Staates

Umgekehrt sind Informationen an die Bürger auch ein staatliches Lenkungsmittel, um verhaltenssteuernde Wirkungen gegenüber den Adressaten (und u. U. Dritten) zu erzielen.

a) Grundstrukturen

Solche staatlichen Informationen setzen am Wissen und an Wertvorstellungen des Bürgers als maßgeblichen Handlungsvoraussetzungen von Privaten an. Über die Beeinflussung des Wissens und der Werthaltung der Bürger soll ihr Verhalten gesteuert werden. Staatliche Informationen als Lenkungsmittel gehören – wie noch zu erörtern sein wird – zu den indirekten Steuerungsmitteln (wie z. B. auch die informalen und die ökonomischen Instrumente), die nicht gebieten oder verbieten, sondern ein vom Staat erwünschtes Verhalten durch negative oder positive Anreize zu erreichen versuchen. Indirekte Steuerungsinstrumente wirken auf die Motivation der Betroffenen ein. Eine der Erscheinungsformen der indirekten Steuerung ist dabei die Informations- und Meinungskundgabe durch den Staat, wobei Warnungen und Empfehlungen besonders wichtige Anwendungsbeispiele darstellen.

Mit behördlichen Warnungen und Empfehlungen sowie kritischen Hinweisen versucht der Staat in immer größerem Ausmaß Ziele zu erreichen, die er mit dem klassischen Eingriffsinstrumentarium entweder überhaupt nicht oder nicht hinreichend effektiv erreichen kann. Auch dann, wenn der gleichsam „harte" zwangsbewehrte Befehl im Einzelfall eingesetzt werden könnte, weicht der Staat vielfach auf die vermeintlich „weichen" Mittel der steuernden Information aus, um auf diesem Wege nicht befehlend imperativ, sondern motivationell beeinflussend zum Ziele zu kommen.[3]

b) Anlässe und Ziele

Die Anlässe und Ziele staatlicher Warnungen und Empfehlungen sind nahezu unbegrenzt. Besonderes Augenmerk haben in den letzten Jahren die kritischen Äußerungen staatlicher Stellen über gesellschaftliche Gruppen erfahren, die sich auf die Religionsfreiheit berufen, von denen aber angenommen wird, sie würden ihre Mitglieder abhängig machen und ausbeuten oder verfolgten verfassungsfeindliche Ziele (so zuletzt bei Scientology).[4] Aber auch in vielen anderen Politikbereichen, insbesondere im Bereich der

---

[3] Zur Einordnung staatlicher Informationen in die indirekte Verhaltenssteuerung näher unten, S. 17 ff.

[4] Vgl. BVerwGE 82, 76 ff. – Transzendentale Meditation; BVerwGE 90, 112 ff. – Osho.

Wirtschaftspolitik sind Warnungen und Empfehlungen anzutreffen, weshalb sich das Wirtschaftsverwaltungsrecht frühzeitig mit diesen Lenkungsmitteln beschäftigt hat. Eine relativ starke Verbreitung, jedenfalls in neuester Zeit, hat das staatliche Informationshandeln im Umwelt- und Gesundheitsrecht sowie im Verbraucherschutzrecht[5] erfahren, wo Warnungen und Empfehlungen vor allem im Hinblick auf umweltschädliche Wirkungen oder Gesundheitsrisiken eingesetzt werden. Der warnende und empfehlende Staat ist hier inzwischen omnipräsent: Glykol im Wein, BSE-Erreger im Rindfleisch, verstrahlte Wildpilze oder vergifteter Weichkäse. Der Staat sorgt sich nicht nur um den Bürger, er nimmt auch die Nebenwirkungen seiner gezielten Bewußtseinslenkung bewußt in Kauf. Die Brandmarkung eines schwäbischen Nudelherstellers, der verunreinigtes Flüssigei verwendet haben sollte, ist nur ein (wenngleich prominentes und daher gern zitiertes) Beispiel.[6]

c) Funktionen

Staatliches Informationshandeln hat unterschiedliche Funktionen. Erwähnt seien hier insbesondere die kompensatorische und die stabilisierende Funktion.

aa) Kompensatorische Funktion

Staatliche Informationen treten in die Lücke zwischen die heute nahezu unbegrenzten Aufgaben des Staates und die begrenzten Zwangsmittel zu ihrer Bewältigung. Diese Lücke kennzeichnet den modernen Staat, der – aus der Sicht vieler Bürger – alles tun soll, aber eben nicht alles tun kann. Der Staat sieht sich ebenso unverkennbar gestiegenen gesellschaftlichen Erwartungshaltungen wie gesellschaftlichen Funktionsbereichen gegenüber, die eine grundrechtlich geschützte Autonomie genießen und ihren eigenen Rationalitätskriterien folgen.[7] Insoweit können staatliche Informationen teilweise fehlende Zwangs- und Erzwingungsmittel kompensieren. Sie teilen damit die Vorzüge und das Schicksal anderer informaler Instrumente. Insbesondere das Umweltrecht hat mit dem paradigmatischen Wandel von der typischerweise punktuellen Gefahrenabwehr zur vorwiegend flächendeckenden Risikovorsorge die Grenzen der zwangsweisen Durchsetzung staatlicher Aufgaben deutlich werden lassen. Staatliche Risikovorsorge geht bekanntlich über die bloße Abwehr noch nicht oder noch nicht hinreichend bekannter Gefahren hinaus und umfaßt die insoweit vorgelagerte steuernde

---

[5] Siehe *Kemper*, Verbaucherschutzinstrumente, 1993, S. 98 ff.

[6] Zum sog. „Birkel-Fall" LG Stuttgart, NJW 1989, 2257; OLG Stuttgart, AfP 1990, 145; aus dem Schrifttum statt vieler *Ossenbühl*, ZHR 155 (1991), 329 ff.

[7] Vgl. *Grimm*, Die Zukunft der Verfassung, 1991, S. 408 ff.

Zurückdrängung rechtlich zwar erlaubter, aber gleichwohl unerwünschter Risiken. Vor dem Hintergrund der gewachsenen Steuerungsaufgaben darf das staatliche Informationshandeln daher nicht vorschnell als wohlfahrtsstaatliches Relikt neuer faktischer Zwangseinwirkungen[8] mißverstanden werden. Behördliche Informationen, eingesetzt als Lenkungsmittel, können und müssen vielmehr zunächst auch als eine aufgabengerechte Antwort auf die rechtsstaatlichen Grenzen verstanden werden, welche die Rechtsordnung der zwangsweisen Regelung prinzipiell erlaubter Verhaltensweisen zieht. Über ihre rechtliche Zulässigkeit ist damit freilich noch nichts gesagt.

bb) Stabilisierende Funktion

Daneben kommt dem Einsatz staatlicher Informationen aber auch eine stabilisierende Funktion zu, in dem sie relative Entscheidungsgewißheit vermitteln. Informationen sollen Ungewißheit beherrschbar machen, was ja gerade für den Umweltbereich wichtig ist, der immer wieder zum Handeln im Ungewissen[9] zwingt. Dort, wo sich das reale Verhalten an Prinzipien der Vorsicht und Vorsorge sowie einer stärkeren Eigenverantwortung und Selbstbeherrschung[10] ausrichten soll, wachsen die individuellen Entscheidungsspielräume jenseits der Kategorien von Rechtmäßigkeit und Rechtswidrigkeit. Hier wird das reale Verhalten mehr und mehr durch die Verfügbarkeit von Wissen gesteuert. Ein „verantwortungsbewußtes" Handeln des Bürgers erfordert, daß er ausreichend informiert wird, denn erst ausreichende Informationen ermöglichen es dem Bürger, sich ein zuverlässiges Urteil über seinen Verantwortungsbereich zu bilden. Informationen erweitern aber nicht nur die Entscheidungsspielräume, indem sie eigenverantwortete Verhaltensalternativen aufzuzeigen helfen. Sie können insbesondere dann, wenn sie das „Siegel" staatlicher Autorität tragen, Spielräume auch eingrenzen, indem sie ein bestimmtes Verhalten als „vernünftig" nahelegen. Auf diese Weise vermitteln staatliche Informationen eine (relative) Entscheidungsgewißheit und letztlich systemstabilisierende Sicherheit, die auf anderem Wege jedenfalls nicht mehr ohne weiteres herstellbar ist.[11]

---

[8] Allgemein *Leisner*, Verfassungsgrenzen privater Selbstregulierung, in: Kloepfer (Hg.), Selbst-Beherrschung in technischen und ökologischen Bereich, 1998.

[9] Hierzu *Kloepfer*, Handeln unter Unsicherheit im Umweltstaat, in: ders./Gethmann, Handeln unter Risiko im Umweltstaat, 1993, S. 55 ff.

[10] Zu den Implikationen des Begriffs Kloepfer (Hg.), Selbst-Beherrschung im technischen und ökologischen Bereich, 1998.

[11] Zum Ganzen auch *Pitschas*, Staatliches Management für Risikoinformationen zwischen Recht auf informationelle Selbstbestimmung und gesetzlichem Kommunikationsvorbehalt, in: D. Hart (Hg.), Privatrecht im „Risikostaat", 1997, S. 215 ff.

II. Typisierungen des staatlichen Informationshandelns

Bisher fehlt es an einem einheitlichen Sprachgebrauch für das staatliche Informationshandeln. Hier bieten sich Typisierungen an, die naturgemäß nicht immer völlig trennscharf voneinander abzugrenzen sind. Zu unterscheiden ist vor allem zwischen individualbezogenem und öffentlichkeitsbezogenem Informationshandeln.

1. Individualbezogene Informationshandeln

Das Informationshandeln des Staates i. w. S. umfaßt neben den Formen breitenwirksamer influenzierender Information der Öffentlichkeit auch die individuelle Information Einzelner insbesondere durch Auskünfte und Beratungen.

a) Behördliche Auskünfte, Akteneinsichtsrechte

Dazu zählen klassischerweise die behördlichen Auskünfte (§ 25 VwVfG). Durch das Umweltinformationsgesetz (UIG) ist mit dem Zugangsrecht zu Informationen für jedermann eine neue Dimension erreicht worden.[12] Ohne daß das UIG ein umfassendes Akteneinsichtsrecht vorsähe, ist doch die traditionelle deutsche Konzeption des Akteneinsichtsrechts nur durch Beteiligte (§ 29 VwVfG) im Umweltbereich in ihren Grundfesten erschüttert. Dabei ist freilich festzuhalten, daß nach dem UIG der Informationsanspruch zwar durch Akteneinsichtsrechte erfüllt werden kann. Der Behörde bleibt es aber weitgehend unbenommen, selbst über den Akteninhalt zu informieren.[13]

b) Behördliche Beratung

Eng mit den behördlichen Auskünften hängt die behördliche Beratung zusammen, wie sie z. B. § 2 der 9. BImSchV der Genehmigungsbehörde im Hinblick auf den Antragsteller aufgibt. Aufgrund ihrer umweltschutzspezifischen Zielsetzung geht die Antragsberatung über die allgemeine in § 25 VwVfG geregelte Beratungs- und Betreuungspflicht hinaus. Hier eröffnet sich ein klassischer Anwendungsspielraum für das sog. informale Verwal-

---

[12] Rechtspolitisch siehe auch die beiden Entwürfe zum Umweltgesetzbuch, so die §§ 34 ff. UGB-ProfE im sog. Professorenentwurf zum Umweltgesetzbuch, vgl. *Kloepfer/Rehbinder/Schmidt-Aßmann/Kunig*, Umweltgesetzbuch – Allgemeiner Teil, UBA-Berichte 7/90, 1991; ferner § 217 UGB-KomE im inzwischen vorgelegten sog. Sachverständigenentwurf zum Umweltgesetzbuch, vgl. BMU (Hg.), Umweltgesetzbuch (UGB-KomE), 1998.

[13] Vgl. *Fluck/Theuer*, Umweltinformationsrecht, 1994, § 4 Rdn. 71, 83; einschränkend auch BVerwG, NJW 1997, 753 f.

tungshandeln. Die Bereitstellung von Informationen im Vorfeld behördlicher Verfahren ist teilweise gesetzlich geregelt.[14] Rechtspolitisch bietet sich hier die weitere Erprobung von Konfliktmittlern (mediation) an. Dadurch ließen sich die in der Praxis weit verbreiteten Vorverhandlungen zwischen Behörde und Bürger (negotiation) zumindest transparenter machen. In eine entsprechende Richtung zielen auch die Vorschläge in § 54 Abs. 4 UGB-ProfE und § 89 UGB-KomE.

2. Öffentlichkeitsbezogene Informationstätigkeit

a) Allgemeines

Zu den öffentlichkeitswirksamen Maßnahmen des Staates können diejenigen Maßnahmen gezählt werden, die sich einseitig an die Öffentlichkeit richten. Man denke etwa an die Pressedienste der Bundesministerien, Verbraucherschutzreporte oder die Aufgabe der Versicherungsaufsicht, für mehr Markttransparenz unter den Bedingungen des deregulierten europäischen Binnenmarktes für Dienstleistungen zu sorgen. Der Umweltschutz nimmt dabei quantitativ und qualitativ eine Vorreiterrolle ein: Informationen beziehen sich auf praktische Einzelfragen (z. B. umweltverträgliche Fahrweisen, energiesparendes Heizen usw.) und schließen konkrete Verhaltensempfehlungen ein (z. B. Benutzung öffentlicher Verkehrsmittel, Verwendung umweltfreundlicher Produkte usw.). Die Produktkennzeichnung (z. B. CE-Kennzeichung, Umweltzeichen usw.) lenkt die Aufmerksamkeit auf bestimmte Waren und deren Hersteller, die gegenüber anderen Marktteilnehmern deutliche Wettbewerbsvorteile gewinnen. Hier verschwimmen – worauf noch zurückzukommen sein wird – zunehmend die Grenzen zwischen staatlichen und privaten Informationen.

Zur Würdigung des öffentlichkeitsbezogenen Informationshandelns des Staates sind nähere Differenzierungen notwendig, insbesondere zwischen Berichterstattung, Öffentlichkeitsarbeit, Erziehung, Aufklärung und Lenkungsinformationen mit dem Spezialfall behördlicher Warnungen und Empfehlungen.

b) Berichterstattung

Staatliche Informationen können unterschiedlichen Zwecken dienen, die nicht nur für ihre Wirkungsweise, sondern auch für ihre rechtliche Beurteilung von Bedeutung sind. Informationen können beispielsweise als vergleichsweise mildes Mittel zur allgemeinen *Unterrichtung der Öffentlichkeit* eingesetzt werden. So hat die Bundesregierung auf der Grundlage des

---

[14] Vgl. z. B. §§ 5 Abs. 1 S. 4 UVPG, 2a 9. BImSchV sowie rechtspolitisch § 36 Abs. 1 S. 2 UGB-ProfE.

§ 11 UIG den Bericht „Umwelt 1994" vorgelegt, der – zusammen mit den vom Umweltbundesamt herausgegebenen „Daten zur Umwelt" – den Umweltbericht 1990 fortschreibt.[15] Vorgaben über den Inhalt der zu veröffentlichenden Informationen enthalten nunmehr der Professorenentwurf zum Umweltgesetzbuch (§ 106 UGB-ProfE) sowie der 1997 vorgelegte Sachverständigenentwurf zum Umweltgesetzbuch (§ 213 Abs. 3 UGB-KomE).

Das geltende Recht kennt bereits vielfältige Berichtspflichten der Bundesregierung, vor allem als Kontrollmöglichkeit des Parlaments gegenüber der Regierung. Die Umweltberichterstattung durch die Exekutive gegenüber der Legislative ist bisher etwa in § 61 BImSchG und in § 5 Abs. 2 StrVG geregelt, wonach dem Bundestag periodisch ein Immissionsschutzbericht und ein Bericht über die Entwicklung der Radioaktivität in der Umwelt zu erstatten sind. Eine gesetzliche Berichtspflicht sieht auch § 3 Abs. 1 Nr. 1 lit. c) BStatG vor, wonach die Ergebnisse der Bundesstatistiken zu veröffentlichen sind. Das Landesrecht kennt darüber hinaus die Veröffentlichung von Umweltfachplänen (z. B. Luftreinhaltepläne).

c) Öffentlichkeitsarbeit

Weitergehend als die bloße „Berichterstattung" durch den Staat sind Informationen zum Zweck der Akzeptanzsicherung. In diesem Sinne kann von einer „Öffentlichkeitsarbeit" durch den Staat gesprochen werden.[16] Der Staat beschränkt sich nicht auf die Erzwingung des Rechtsgehorsams. Er will über die Legalität hinaus die Legitimität des staatlichen Gehorsams- und Gestaltungsanspruch vermitteln. Auf diese Weise sollen Rechtspflichten plausibel und das Recht akzeptabel gemacht werden. Geworben wird um die Sympathie der Bürger und ihre Zustimmung in die Erforderlichkeit und Vernünftigkeit staatlicher Handlungen und Institutionen, die – sollen sie Erfolge verbuchen – letztlich von einem grundsätzlich positiven Bild des Staates und seiner Organe in der Öffentlichkeit abhängen. Gerade der Umweltschutz hat in aller Schärfe gezeigt, daß es sich um eine Aufgabe handelt, die von staatlicher Seite nicht gegen, sondern nur mit dem Bürger gemeinsam – unter Berücksichtigung seiner inneren Einsicht in die Notwendigkeit staatlicher Umweltschutzmaßnahmen – durchgesetzt werden kann. Ver-

---

[15] Das Umweltinformationsgesetz geht dabei von dem Konzept aus, daß die positiven Impulse, die von einer informierten Bevölkerung für den Umweltschutz zu erwarten sind, zum Abbau von Umweltbelastungen beitragen. Zu diesem Zweck enthält es auch Regelungen über die staatliche Umweltberichterstattung.

[16] Vgl. bereits *Leisner*, Öffentlichkeitsarbeit der Regierung im Rechtsstaat, 1966; aus dem neueren Schrifttum insbesondere *Schürmann*, Öffentlichkeitsarbeit der Bundesregierung. Strukturen, Medien, Auftrag und Grenzen eines informalen Instruments der Staatsleitung, 1992.

sucht der sich „bürgernah" gebende Staat diese Einsicht durch selbstdarstellende Informationen zu fördern, so zielt er auf jenen Bereich von Überzeugungen und Grundeinstellungen ab, in dem sich nach dem bekannten Diktum *Georg Jellineks* mit Zwang ohnehin nichts erreichen läßt.[17] So sehr grundsätzlich der Auftrag und die Befugnis zur Öffentlichkeitsarbeit des Staates auch bejaht werden kann, so sind doch seine Begrenzungen durch das Verbot der staatlichen Wahlwerbung zu beachten.[18]

d) Erziehung

Mit der Erziehung vermittelt der Staat vor allem Kindern und Jugendlichen nicht nur Informationen, sondern auch Werthaltungen und Verhaltensgebote bzw. -empfehlungen.[19] Insoweit sind Überschneidungen zur – sogleich zu erörternden – staatlichen Aufklärung unverkennbar. Die pädagogische Ausrichtung primär auf die junge Generation, die Einbindung in Ausbildungsinstitutionen sowie die sehr unterschiedlichen Kompetenzgrundlagen machen die Erziehung jedoch hinreichend abgrenzbar und ermöglichen eine funktionsnähere Einordnung in die staatliche Erziehungs„gewalt".

e) Informationelle Steuerung

In jüngerer Zeit sind diejenigen Informationen zunehmend wichtiger geworden, die der Staat nicht bloß zur Akzeptanzförderung seines Handelns, wie bei der Öffentlichkeitsarbeit, sondern zur Beeinflussung gesellschaftlicher Verhaltensweisen einsetzt. Hier können Informationen – modern gesprochen – als „Steuerungsinstrument des Staates" bezeichnet werden. Sie werden mit einer Wertung verknüpft, die ein mehr oder weniger bestimmtes Verhalten nahelegen. Dabei wird regelmäßig nicht dafür geworben, rechtliche Gebote oder Verbote einzuhalten, obwohl auch dies in einer Gesellschaft immer wichtiger wird, für die Gesetzesgehorsam nicht mehr selbstverständlich ist. Bei der informationellen Steuerung geht es primär darum, etwas zu tun, obwohl es nicht geboten ist bzw. etwas zu unterlassen, obwohl es nicht verboten ist (z. B. Energieeinsparappelle). Ihre besondere – und grundrechtlich diffizile – Bedeutung erhalten wertende Infor-

---

[17] *G. Jellinek*, Allgemeine Staatslehre, 3. Aufl., 1914, S. 250 f.

[18] Vgl. BVerfGE 44, 125 ff.; VerfGH NW, NVwZ 1992, 467; *Vierhaus*, Umweltbewußtsein von oben. Zum Verfassungsgebot demokratischer Willensbildung, 1994, S. 291 ff.; 418 ff. (m.w.N.). Allgemein zu den Gefahren und den Grenzen der Öffentlichkeitsarbeit *Leisner*, Der unsichtbare Staat, 1995.

[19] Vgl. *Kayser*, Art. „Umwelterziehung", in: Kimminich/v. Lersner/Storm (Hg.) HdUR Bd. 2, 2. Aufl., 1994, Sp. 2131 ff.; nahezu alle Landesverfassungen erkennen den Umweltschutz als Erziehungsziel an, vgl. etwa Art. 28 BbgVerf.: Erziehung und Bildung haben die Aufgabe, (...) Verantwortung für Natur und Umwelt zu fördern".

mationen vor allem dann, wenn sie zur Vermeidung von rechtlich prinzipiell erlaubten Verhaltensweisen eingesetzt werden. Von Rechts wegen kann der Adressat alles tun, was nicht verboten ist. Er kann sich etwa Sekten anschließen, seine Gesundheit gefährden oder umweltbelastende Produkte herstellen oder konsumieren, solange dem kein gesetzliches Verbot entgegensteht. Der Staat nimmt diese Handlungen hin, bewertet sie aber nicht selten als unerwünscht.

Soweit diese informationelle Steuerung auf eine allgemeine Bewußtseinssteuerung (freilich mit hieraus vom Bürger zu folgernden Verhaltenskonsequenzen) zielt, kann sie als Aufklärung bezeichnet werden (aa), soweit der Staat durch Informationen konkrete Verhaltensweisen erreichen will, wird hier von Lenkungsinformationen i. e. S. gesprochen (bb), bei denen die behördlichen Warnungen und Empfehlungen (cc) die wichtigsten Beispiele darstellen.

aa) Aufklärung

Informiert der Staat mit dem Ziel der allgemeinen Bewußtseinsbeeinflussung, richtet sich die Information also nicht gegen konkrete Personen oder Gruppen, so kann von Maßnahmen der Aufklärung gesprochen werden. Dabei geht es nicht oder jedenfalls nicht vorrangig um die Aufklärung über das geltende oder zukünftige Recht, mithin rechtliche Verpflichtungsgründe. Aufklärung zielt vielmehr primär auf die Einhaltung von sozial-moralischen Verhaltensstandards, die im Verlauf der Zeit freilich zu Rechtsnormen erstarken können. So kommt Aufklärungsmaßnahmen nicht selten eine wichtige Vorreiterrolle für gesetzliche Normierungen zu. Umweltpflichten, zumal im Bereich der Vorsorge, brauchen und können oftmals „noch" nicht normiert werden. Es wird zunächst abgewartet, ob sich ein umweltgerechtes Verhalten nicht ebenso wirkungsvoll über Maßnahmen der „Umweltaufklärung" einstellt. Die Entwürfe zum Umweltgesetzbuch (§§ 109 UGB-ProfE, 215 UGB-KomE) nennen als Ziele der Umweltaufklärung: die allgemein verständliche Information der Öffentlichkeit über Gefahren und Risiken für die Umwelt, die Verdeutlichung der Folgen des Verhaltens einzelner für die Umwelt sowie die Vermittlung von Einsichten in die gesellschaftlichen Bedingungen und Folgen von Umweltproblemen und Umweltschutzmaßnahmen. Als Formen der Umweltaufklärung kommen insbesondere die Veröffentlichung einschlägiger Datenbankpakete, das Schalten von Umweltspots im Fernsehen, die Herausgabe von Broschüren oder die Errichtung von Informationsständen auf Umweltfachmessen durch das Umweltbundesamt in Betracht.[20]

---

[20] Vgl. UGB-KomE (Fn. 12), S. 826.

bb) Lenkungsinformationen i. e. S.

Eine eigenständige Bedeutung erhalten staatliche Informationen dort, wo sie nicht nur allgemeine Verhaltensweisen generell, sondern ein bestimmtes Verhalten konkret ins Auge fassen und dieses für erwünscht oder unerwünscht erklären. Hier kann man einheitlich von Lenkungsinformationen i. e. S. sprechen, mit denen der Staat im Umweltschutz ein konkretes umweltgerechtes Verhalten anzuregen versucht. Erfaßt werden damit alle Formen behördlicher Äußerungen von der Tatsachenbehauptung (z. B. Hinweis auf Ungeeignetheit eines Produktes für einen bestimmten Zweck) über Werturteile (z. B. Einstufung eines Produktes als gefährlich) bis hin zu Verhaltensappellen (z. B. durch ausdrückliches Abraten vom Benutzen bestimmter Produkte für bestimmte Zwecke). Der Vorteil eines solchen weiten Verständnisses staatlicher Lenkungsinformationen liegt in der Vermeidung von Lücken, die sich zwangsläufig auftun würden, wenn zwischen lediglich informierender Tatsachenbehauptung und steuernder Wertung unterschieden werden müßte. Das Ziel jedoch ist im einen wie im anderen Fall dasselbe: Der Bürger soll auch aus behördlichen Verlautbarungen fühlbare Folgerungen für das eigene Verhalten ziehen können, indem er ein bestimmtes Produkt nicht oder seltener kauft. Hiervon gehen auch die Entwürfe für ein Umweltgesetzbuch aus, welche in §§ 107, 106 Abs. 4 UGB-ProfE bzw. § 214 UGB-KomE die zuständigen Behörden ausdrücklich ermächtigen, Informationen unter näher formulierten Voraussetzungen als hoheitliches Lenkungsmittel einzusetzen.[21]

cc) Insbesondere: Behördliche Warnungen und Empfehlungen

Im Bereich der Lenkungsinformationen schält sich mehr und mehr das staatliche Informationshandeln in Gestalt öffentlicher[22] Warnungen und Empfehlungen als eigenständige Handlungsform heraus. Warnungen und Empfehlungen können danach unterschieden werden, ob der Staat auf ein Unterlassen des Bürgers – Warnung – oder ein aktives Handeln des Bürgers – Empfehlung – hinwirkt. Eine begriffliche Unterscheidung läßt sich jedoch auch nach der Intensität der intendierten Willensbeeinflussung vornehmen.[23] Diese ist bei der Warnung am größten, bei Empfehlungen geringer und bei Hinweisen am geringsten:

---

[21] Das Produktsicherheitsgesetz verfolgt in § 8 ProdSG demgegenüber einen wesentlich engeren Ansatz und erfaßt lediglich die hoheitliche Informationstätigkeit in Gestalt von Warnungen vor nicht sicheren Produkten.

[22] In diesem Abschnitt geht es um öffentlichkeitsbezogenes Informationshandeln. Individuelle Warnungen und Empfehlungen unterliegen einem anderen Rechtsregime.

[23] Vgl. zur Typisierung *Leidinger*, DÖV 1993, 925 (926 f.); *Heintzen*, Die staatliche Warnung als Handlungsform der Verwaltung, in: Becker-Schwarze u. a. (Hg.), Wandel der Handlungsformen im Öffentlichen Recht, 1991, S. 167 (174 ff.); *Kloepfer* (Fn. 1), § 5 Rdn. 165.

- Die (öffentliche) behördliche *Warnung* erzeugt einen informationellen Druck zu einem bestimmten Verhalten. Sie ist auf einen bestimmten Erfolg gerichtet, maßgeblich auf den Schutz der polizeilichen Rechtsgüter einschließlich des Schutzes der Rechtsordnung. Behördliche Warnungen dienen – wie es jetzt § 8 ProdSG deutlich macht – typischerweise der Abwehr von Gefahren. Dem Adressaten wird faktisch kaum eine andere Wahl gelassen, als sich in dem erwünschten Sinne zu verhalten. Anderenfalls setzt er sich u. U. unkalkulierbaren Risiken aus.

- (Öffentliche) behördliche Empfehlungen sind hingegen lediglich Ratschläge für ein bestimmtes Verhalten. Anders als bei der gefahrenabwehrenden Warnung bezieht sich die *Empfehlung* regelmäßig auf eine von mehreren Verhaltensalternativen, die gleichermaßen ungefährlich sind. Entscheidend ist hier der faktische Spielraum, der dem Handlungsadressaten verbleibt. Allerdings können die Grenzen zwischen Warnung und Empfehlung durchaus fließend sein.

- Von Warnungen und Empfehlungen abzugrenzen sind (öffentliche) behördliche *Hinweise*, die lediglich verhaltenssteuernde Wissenserklärungen darstellen, jedoch noch keine bestimmte Verhaltensweise aufzeigen wollen.

B. Rechtliche Beurteilung des staatlichen Informationshandelns

I. Allgemeines

1. Staatliche Informationen als indirekte Verhaltenssteuerung

Staatliche Warnungen und Empfehlungen sind Instrumente der rechtlich nur schwer in den Griff zu bekommenden indirekten Verhaltenssteuerung.[24]

a) Erscheinungsformen der indirekten Verhaltenssteuerung

Neben informalen Instrumenten und den viel beachteten sog. ökonomischen Instrumenten, die mit negativen ökonomischen Anreizen (z. B. Abgaben, Haftungsvorschriften) oder mit positiven ökonomischen Anreizen (z. B. Subventionen, Benutzungsvorteile) arbeiten, gehören hierzu vor allem die informationellen Instrumente. Dabei können aber auch von informationellen Instrumenten mittelbar positive und negative ökonomische Anreize in Form von positiven oder negativen Reaktionen der öffentlichen Meinung ausgehen, die letztlich auf dem Markt auch zu erheblichen ökonomischen Vor- und Nachteilen führen können.

---

[24] Allgemein *Kloepfer* (Fn. 1), § 5 Rdn. 153 ff.

b) Wirkungsweise der indirekten Verhaltenssteuerung

Der Staat verzichtet bei der indirekten Verhaltenssteuerung auf den Versuch einer strikten rechtlichen Determination des Verhaltens der Normadressaten und bemüht sich statt dessen, influenzierend und motivierend auf deren Entscheidungen Einfluß zu nehmen. Verhaltensweisen des Bürgers werden durch Warnungen und Empfehlungen nicht illegalisiert, sondern allenfalls „stigmatisiert". Vielmehr bezieht sich die informationelle Steuerung ausschließlich auf gleichermaßen rechtmäßige Verhaltensformen. Im Hinblick auf das Lenkungsziel belassen staatliche Informationen ihren Adressaten das Letztentscheidungsrecht, ob sie der staatlichen Verhaltensempfehlung folgen wollen oder nicht. Zwar mögen dem Bürger im permissiven Staat mit seiner häufig eher brüchig gewordenen Rechtsmoral auch die klassischen Ge- und Verbote der direkten Verhaltenssteuerung nicht selten nur noch wie staatliche Handlungsangebote erscheinen, deren Ausschlagung u. U. gewisse Nachteile (z. B. Geldbußen) mit sich bringen kann. Gleichwohl ist diese „Wahl" zwischen verbotenem und gebotenem Verhalten rechtlich deswegen etwas entscheidend anderes, weil dabei der Rubikon der Rechtswidrigkeit überschritten wird und das rechtswidrige Verhalten stets auch eine Unrechts-Vorstellung in sich birgt. In aller Regel darf der Staat rechtswidriges Verhalten zwangsweise unterdrücken bzw. rechtmäßiges Verhalten erzwingen.

c) Rechtlicher Schutz gegenüber der indirekten Verhaltenssteuerung

Hinsichtlich der rechtlichen Würdigung der indirekten Verhaltenssteuerung wäre es verfehlt, sich von einfachen Dichotomien blenden zu lassen. So schiebt sich mit dem staatlichen Informationshandeln „zwischen das rechtlich nicht vorgeordnete freie Wollen und das die individuelle Handlungsfreiheit beschränkende rechtliche Dürfen im Feld des rechtlich Erlaubten unwillkürlich ein Drittes: die staatlicherseits empfohlene und erwünschte Freiheitsausübung"[25] (oder die unerwünschte Grundrechtsausübung, von der der Staat abrät bzw. mit negativen Anreizen abzuhalten sucht). Der ohne Befehl und Zwang arbeitende Staat geriert sich als der freundliche, partnerschaftliche und kooperative Staat, der für die Einhaltung von sozialmoralischen Verhaltensstandards wirbt. Motivieren statt befehlen – so scheint die Devise für eine moderne Bürgerführung durch den (scheinbar) sanften Staat zu lauten.

Unter den Bedingungen einer Mediendemokratie bzw. einer Informationsgesellschaft können die Wertungen von Informationen durchschlagend sein. Amtsträger haben dies häufig als „Opfer" wahrgenommen. Wo

---

[25] *Gramm*, Der Staat 1991, 51 ff. (67).

politischer Anstand, aber auch strafrechtliche Verurteilungen gestrauchelte Amtsträger nicht zum Rücktritt bewegen können, haben dies Pressemeldungen, „Enthüllungen" und der Druck der öffentlichen Meinung häufig relativ leicht erledigen können.[26] Während die Drohung mit den Gerichten den Staat nicht selten unbeeindruckt läßt, ist die Drohung mit der Öffentlichkeit meist sehr viel erfolgreicher.

So nimmt es nicht wunder, wenn die Funktionsträger des Staates selbst auf das Steuerungsmittel der Information zugreifen. Jedenfalls können die Folgen rechtlich unverbindlicher Äußerungen, mit denen der Staat Freiheitsausübungen beurteilt, beträchtlich sein. Erinnert sei nur an die Warnung des Umweltbundesamtes vor der Benutzung von Waschverstärkertüchern oder die gemeinsame Stellungnahme von Umweltbundesamt und Bundesgesundheitsamt gegen die Benutzung von umweltschädlichen, paradichlorbenzolhaltigen Toilettensteinen. Beide Produkte entsprachen den gesetzlichen Anforderungen. Gleichwohl erklärten die Ämter die Benutzung dieser Produkte für umweltbelastend und überflüssig. Folge waren spürbare Umsatzeinbußen der Hersteller in Millionenhöhe bis hin zu Zusammenbrüchen entsprechender Teilmärkte.[27] Ähnliche Wirkungen können auch hoheitlich initiierte und gesteuerte Produktkennzeichnungen[28] oder die Veröffentlichung von Ökobilanzen für Produkte durch das Umweltbundesamt[29] erzielen. Sie beeinflussen – ganz im Sinne der modernen Umweltpolitik, die sich mehr und mehr dem produktbezogenen Umweltschutz zuwendet[30] – gezielt die Kaufentscheidung der Konsumenten.

Es liegt auf der Hand, daß derartige Empfehlungen einschneidende, ja vielfach existenzvernichtende faktische Auswirkungen haben können, die im Einzelfall sogar erheblich weiter reichen können als ein regelnder Eingriff des Staates. Mag der Verzicht auf den Einsatz des Ordnungsrechts ordnungspolitisch verlockend und vielleicht auch „bürgerfreundlich" gemeint sein, gegenüber dem Bürger werden jedenfalls auch die weitgehend auf den ordnungsrechtlichen Zwang zugeschnittenen Rechtsschutzverfahren faktisch zurückgedrängt. Dies ist nicht nur die (unbeabsichtigte) Nebenfolge einer mit „freiwilligen" Entscheidungen der Bürger arbeitenden informa-

---

[26] Vgl. *Kloepfer*, Öffentliche Meinung, Massenmedien, in: Isensee/Kirchhof (Hg.), Handbuch des Staatsrechts, Bd. 2, 1987, § 35 Rdn. 15 ff.

[27] Einen guten Überblick zu den bekannten Fällen liefert *M. Schulte*, Schlichtes Verwaltungshandeln, 1994, S. 38 ff.

[28] *Ossenbühl*, Umweltpflege durch hoheitliche Produktkennzeichnung, 1995. Während der „blaue Umweltengel" zur Kennzeichnung von (umweltfreundlichen) Produkten vergeben wird, dient das Umweltauditzeichen für die Teilnahme am Umweltaudit lediglich der Kennzeichnung von (geprüften) Produktionsstandorten.

[29] Vgl. etwa *Schmitz/Oels/Tiedemann*, Ökobilanzen für Getränkeverpackungen, 1995.

[30] Vgl. *Kloepfer* (Fn. 1), § 6 Rdn. 201 ff.

tionellen Steuerung, sondern kann sehr wohl auch deren funktionale Intention sein.[31]

Dem sanft vorgehenden Staat kann sich der Bürger nicht selten schwerer entziehen als gegenüber dem imperativen Staat, insbesondere wenn das der indirekten Verhaltenssteuerung immanente Element der Freiwilligkeit durch Markt, Politik und öffentliche Meinung zum „freiwilligen Zwang" denaturiert. Das moderne Verwaltungs- und Verwaltungsprozeßrecht (einschließlich) der verfassungsrechtlichen Grundrechtsordnung haben mit staatlichem Zwang umzugehen und diesen zu kontrollieren und einzuschränken gelernt, kaum aber mit den motivierenden Steuerungsmitteln des „sanften" Staates. Hier ist das Öffentliche Recht eher noch am Anfang.

2. Auf dem Weg zur Verrechtlichung

Vor dem Hintergrund einer hochgradig risikosensibilisierten Öffentlichkeit erscheinen staatliche Informationen rechtlich modern. Dabei darf freilich eine lange Vorgeschichte staatlicher Informationstätigkeit nicht übersehen werden. Die traumatische historische Erfahrung mit dem Reichspropagandaministerium mag hier als Beispiel stehen, obwohl es selbst in der deutschen Geschichte beispiellos war. Der unselige Aufruf: „Kauft nicht bei Juden" bleibt eine historische Mahnung, wie gefährlich, ja letztlich tödlich staatliche Informationen sein können.

Bereits vor 1933 wurden staatliche Informationen juristisch diskutiert. Jedenfalls beschäftigt sich die Rechtswissenschaft nicht erst seit den schon heute „berühmten" und in die Ausbildungsliteratur eingegangenen Entscheidungen des Bundesverwaltungsgerichts[32] mit öffentlichen Warnungen und Empfehlungen. Insbesondere die *Warnung* wurde bereits in den Lehrbüchern der Weimarer Republik als Erscheinungsform des Polizeirechts und des allgemeinen Verwaltungsrechts registriert.[33] Als Annex zu den polizeirechtlichen Handlungsformen erregte sie seinerzeit kaum Aufsehen. Die ursprüngliche juristische Einordnung war im buchstäblichen Sinne schlicht. Es wurde weitgehend dem schlichten Verwaltungshandeln zugerechnet, wobei im wesentlichen (aber nicht nur) deren juristische Irrelevanz gemeint war. Erst im Zuge der intensivierten rechtsstaatlichen und vor allem grundrechtlichen Durchdringung des Verwaltungsrechts unter dem

---

[31] Zum Kardinalproblem des Rechtsschutzes gegenüber der indirekten Verhaltenssteuerung *Kloepfer*, ZAU 1996, 200 ff.; siehe auch *Hoffmann-Riem*, Verwaltungsrechtsreform – Ansätze am Beispiel des Umweltschutzes, in: ders./Schmidt-Aßmann/Schuppert (Hg.), Reform des Allgemeinen Verwaltungsrechts, Bd. 1, 1993, S. 115 ff. (143) und *Di Fabio*, NVwZ 1995, 1 ff.

[32] Vor allem BVerwGE 87, 37 ff. (Glykol) und BVerwGE 90, 112 (Osho).

[33] Vgl. etwa *W. Franzen*, Lehrkommentar zum Polizeiverwaltungsgesetz, 1932, S. 143; *W. Jellinek*, Lehrbuch des Verwaltungsrechts, 3. Aufl., 1931, S. 21 ff., 24, 258.

Grundgesetz erhob sich gegenüber der These weitgehender rechtlicher Irrelevanz staatlicher Informationstätigkeit zunehmende Kritik. Diese entzündete sich in der Bundesrepublik Deutschland u. a. an den Verlautbarungen des Bundeskartellamtes über laufende Bußgeldverfahren,[34] denen Züge einer anprangernden Vorverurteilung nachgesagt wurden.

Vor allem im Wirtschaftsverwaltungsrecht rückte der Lenkungscharakter behördlicher *Empfehlungen* in den Mittelpunkt des rechtlichen Interesses. Heute sind behördliche Warnungen und Empfehlungen außerordentlich weit verbreitet. Sie werden nicht nur ad hoc ausgesprochen, sondern haben häufig einen längerfristig angelegten bewußtseinsbildenden Impetus. Dies reicht bis zu der Feststellung eines „von oben oktroyierten" Bewußtseins.[35]

Entscheidend ist die zunehmende Annahme der rechtlichen Bedeutung staatlicher Informationstätigkeit. Insbesondere die Grundrechtsexpansion im Hinblick auf die Aufwertung der Grundrechtstatbestände sowie vor allem die Auflösung der Eingriffsfigur (*Lerche*) machte die Grundrechtsrelevanz staatlicher Informationen bewußt.[36] Ausdruck dieser juristischen Sichtweise staatlicher Informationen ist das legislative Bemühen, dem Wildwuchs dieser Instrumente staatlicher Autorität einschränkend Herr zu werden. So finden sich in § 6 Abs. 1 S. 2 GerätesicherheitsG[37] und § 8 ProduktsicherheitsG[38] jetzt wichtige übergreifende Ermächtigungsgrundlagen für lenkende Informationsakte (konkret: für Produktwarnungen). Auch der Professorenentwurf[39] und der jüngst vorgelegte Sachverständigenentwurf zum Umweltgesetzbuch[40] beschäftigen sich in eigenen Kapiteln mit

---

[34] Dazu *Kloepfer*, Information als Intervention in die Wettbewerbsaufsicht, 1973, S. 5 ff. (m. w. N.).

[35] *H. P. Vierhaus* (Fn. 18), S. 357 f.

[36] Vgl. jüngst auch *Bethge*, Der Grundrechtseingriff, VVDStRL 57 (i. E.).

[37] Gesetz über technische Arbeitsmittel (Gerätesicherheitsgesetz) i. d. F. der Bek. vom 23. 10. 1992, BGBl. I S. 1793.

[38] Gesetz zur Regelung der Sicherheitsanforderungen an Produkte und zum Schutz der CE-Kennzeichnung (Produktsicherheitsgesetz) vom 30. 4. 1997, BGBl. I S. 934.

[39] Das Siebente Kapitel des UGB-ProfE enthält folgende Vorschriften: § 103 „Umweltforschung", § 104 „Umweltbeobachtung", § 105 „Umweltstatistiken", § 106 „Umweltberichterstattung", § 107 „Warnungen, Hinweise und Empfehlungen", § 108 „Umweltsiegel" und § 109 „Umweltaufklärung". Zur Begründung *Kloepfer/Rehbinder/Schmidt-Aßmann/Kunig* (Fn. 12), S. 394 ff.

[40] Das Siebente Kapitel „Umweltinformationen" des UGB-KomE enthält vier Abschnitte, und zwar: Erster Abschnitt: „Staatliche Umweltinformationen", zweiter Abschnitt: „Zugang zu Umweltinformationen", dritter Abschnitt: „Geheimhaltung" und vierter Abschnitt: „Kommissionen für den Informationszugang". Im ersten Abschnitt sind folgende Vorschriften enthalten: § 207 „Staatliche Umweltforschung", § 208 „Umweltbeobachtung", § 209 „Umweltinformationssysteme des Bundes", § 210 „Aufbereitung und Bereitstellung von Daten", § 211 „Umweltstatistik", § 212 „Umweltökonomische Gesamtrechnung", § 213 „Unterrichtung der Öffentlichkeit über die Umwelt", § 214

der Umweltinformation im allgemeinen und Warnungen bzw. Empfehlungen im besonderen. Die Verrechtlichung staatlicher Informationstätigkeit im Sinne ihrer gesetzlichen Einbindung ist in vollem Gange. Daß dies auch die informationelle Beweglichkeit des Staates einschränken kann, liegt auf der Hand, ist aber – bei rechtem Maß – angesichts der hierbei erreichbaren rechtsstaatlichen Gewinne hinzunehmen. Zwar mögen weitere Regulierungen den Verfechtern des „schlanken Staates" unwillkommen erscheinen, indessen darf eine propagierte und an sich zu begrüßende Normierungszurückhaltung im Einzelfall nicht zur rechtsstaatlichen Magersucht führen. Als schonender Ausgleich zwischen staatlicher Normierungszurückhaltung und der Forderung nach weniger Staat mag sich in gewissen Bereichen der Einbau gesellschaftlicher Normierung in das staatliche Rechtsetzungssystem anbieten.[41]

II. Einzelfragen

Die rechtliche Beurteilung des staatlichen Informationshandelns sieht sich einer Reihe von komplexen Problemen gegenüber, denen teilweise allerdings auch besondere Fallkonstellationen zugrundeliegen. Herausgegriffen seien hier (1.) das Verhältnis zum privaten Informationshandeln, (2.) die Frage der Zuständigkeiten für Informationen, (3.) die nach wie vor virulente Grundrechtsproblematik staatlicher Informationen sowie (4.) inhaltliche Vorgaben und (5.) haftungsrechtliche Konsequenzen von Informationen.

1. Staatliches und privates Informationshandeln

Die „Steuerungsreserve Information" ist kein exklusives Handlungsinstrument des Staates. Private Aufklärungs- und Beratungsvereine nutzen das Mittel der Information ebenso wie Unternehmen, die sich in werbewirksamen Hochglanzbroschüren als umweltfreundlich ausweisen. Das Problem liegt hier weniger darin, daß eine Umweltberichterstattung durch Unternehmen lückenhaft und gegebenenfalls auch inhaltlich unrichtig sein

---

„Information und Beratung", § 215 „Umweltaufklärung" und § 216 „Vollzugsdaten". Der zweite Abschnitt enthält folgende Vorschriften: § 217 „Anspruch auf Zugang zu Umweltinformationen", § 218 „Verfahren", § 219 „Vertreter bei gleichförmigen Anträgen", § 220 „Ausschluß und Beschränkungen des Anspruchs", § 221 „Register", § 222 „Kataster und Inventuren" und § 223 „Kosten". Im dritten Abschnitt sind geregelt: § 224 „Personenbezogene Daten", § 225 „Betriebs- und Geschäftsgeheimnisse" und § 226 „Angaben über Maßnahmen gegen Einwirkungen Dritter". Der vierte Abschnitt regelt in § 227 „Kommissionen für den Informationszugang". Zur Entwurfsbegründung *BMU* (Fn. 12), S. 815 ff.

[41] Vgl. *Kloepfer/Elsner*, DVBl. 1996, 964 ff.; vgl. insbesondere auch §§ 32, 36 f. UGB-KomE.

kann, zumal hier teilweise auch das Wettbewerbsrecht helfen kann. Viel schwieriger sind vielmehr komplizierte Verantwortungs- und Zurechnungsfragen, die sich daraus ergeben, daß die Informationstätigkeit von Unternehmen nicht selten staatlich gewollt und inspiriert ist (z. B. durch das Umwelt-Audit). In dem Maße, wie der Staat die Informationspolitik privater Unternehmen für die öffentliche Aufgabenerfüllung finanziell (z. B. durch die Vergabe von Subventionen) oder organisatorisch (etwa durch Anreize zur Teilnahme am Umwelt-Audit) fördert, wird die Zurechnung der Information (z. B. der an die Öffentlichkeit gerichteten Umwelterklärung nach Art. 5 Abs. 2 EG-UAVQ) zum Privatrecht oder Öffentlichen Recht prekär. Gleichwohl bleibt es aus Gründen des traditionellen Rechts- und Gerichtsaufbaus grundsätzlich notwendig, das staatliche Informationshandeln vom privaten Informationshandeln zu unterscheiden. Dabei kann allerdings die punktuelle formale Zuordnung zum öffentlichen oder zum privaten Recht funktionelle Zusammenhänge zerschneiden.

Bei der rechtlichen Strukturierung des Verhaltens zwischen staatlichem und privatem Informationshandeln erweist sich das Umweltrecht einmal mehr als Werkstatt für neue Steuerungsmodelle: So wird eine öffentlichkeitsbezogene Umweltberichterstattung durch Unternehmen, wie sie sich vor allem in deren sog. Umweltleitlinien offenbart, nicht nur erfaßt, sondern von staatlicher Seite auch gefördert. Die Stärkung der umweltbezogenen Informationspolitik von Unternehmen, etwa durch den von der EG-Umweltauditverordnung ausgelösten Wettbewerbsdruck zur Abgabe der Umwelterklärung an die Öffentlichkeit (Art. 5 EG-UAVO), soll dabei die Eigenverantwortung der Unternehmen im Umweltschutz zu intensivieren helfen. Wer etwas Gutes über seine Tätigkeit berichten will, muß (am besten vorher) etwas Gutes tun. Auf der anderen Seite normiert das Umweltrecht zugunsten privater Informationen inzwischen auch Grenzen staatlicher Informationen. So darf die Behörde die Öffentlichkeit vor nicht sicheren Produkten nur warnen, wenn bei Gefahr im Verzug andere ebenso wirksame Maßnahmen, insbesondere Warnungen durch den Hersteller selbst, nicht getroffen werden können (§ 8 ProdSG).

Solange ein privates Unternehmen von sich aus die Öffentlichkeit informiert, belehrt oder warnt, ist bei hiermit verbundenen Verletzungshandlungen das Privatrecht, vor allem § 1004 BGB, gegebenenfalls analog, einschlägig.[42] Diese Zurechnung wird problematisch, wenn das Unternehmen

---

[42] Privatrechtliche Konsequenzen hat natürlich auch die umgekehrte Frage des Unterlassens erforderlicher Warnungen, wenn etwa ein Produzent Kenntnis von fehlerhaften, gefährlichen Produkten erhält und notwendige Informationen bzw. Rückrufaktionen unterläßt. Das gilt ungeachtet der nunmehr durch § 9 ProdSG eingeführten behördlichen Befugnis zum Rückruf nicht sicherer Produkte. Zum einen ist diese Befugnis subsidiär (§ 9 S. 2 ProdSG) und zum anderen beseitigt diese behördliche Befugnis nicht die privatrechtliche Verantwortlichkeit des Herstellers oder Händlers.

vollständig oder überwiegend der öffentlichen Hand gehört oder aber das private Informationshandeln staatlichen Zwecken dient bzw. von staatlicher Seite gefördert oder in sonstiger Weise maßgeblich beeinflußt wird. In dem Maße, wie der Staat private Unternehmen quasi als „Steuerungsinstrumente" einsetzt, könnte für den Fall privater Grundrechtsgefährdungen eine nach dem Grad der staatlichen Beeinflussung abgestufte Verantwortungszurechnung des privaten Handelns auch auf den Staat angezeigt sein. Das Öffentliche Recht bietet dann jedenfalls einen Minimalschutz, der über die Einbindung privater Selbststeuerungskräfte zu öffentlichen Zwecken nicht ausgehöhlt werden darf.

Zurechnungsfragen werfen insbesondere auch private Informationsmaßnahmen zur Produkt- und Imagewerbung auf. So ist die Verleihung des Umweltzeichens („blauer Engel") durch ein nur schwer zu überschauendes organisatorisches Zusammenwirken staatlicher und privater Stellen gekennzeichnet, das dringend einer gesetzlichen Neuordnung bedarf, wie es in den Entwürfen zum Umweltgesetzbuch vorgesehen ist.[43] Nach bisher geltendem Recht ist trotz der zivilrechtlichen Vereinbarungsstrukturen insgesamt wohl von einem staatlichen Übergewicht bei der Vergabe des „blauen Engels" mit der Folge auszugehen, daß die eigentliche Zeichenverleihung zur Produktwerbung dem Öffentlichen Recht zuzuordnen ist.[44]

Demgegenüber eröffnet das neue zweistufige Zertifizierungssystem der EG-Umweltauditverordnung dem Privatrecht einen ungleich größeren Anwendungsspielraum. Der Verwendung der Teilnahmeerklärung zur Imagewerbung (Art. 10 EG-UAVO) ist die öffentlich-rechtliche Registrierung (Art. 8 EG-UAVO) und ihrerseits die privatrechtliche Validierung der Umwelterklärung (Art. 5 EG-UAVO) vorgelagert. Diese für die Öffentlichkeit verfaßte und von einem durch Werkvertrag beauftragten Umweltgutachter für gültig zu erklärende Informationsmaßnahme bildet das zentrale Bindeglied zwischen den internen Betriebsprüfungen und der externen privaten Kontrolle. Abgesehen von der Verweigerung und dem Entzug der Eintragung durch die Industrie- und Handelskammer (§ 32 UAG) wird der vorprogrammierte Streit über die Validierung der Umwelterklärung daher vor den Zivilgerichten auszutragen sein.

2. Zuständigkeiten

Die Zuständigkeitsordnung des Grundgesetzes zieht einem allumfassenden Informationshandeln staatlicher Stellen in zweifacher Hinsicht vergleichsweise klar abgesteckte Grenzen. Zum einen ist hier das *Bund-Län-*

---

[43] §§ 108 UGB-ProfE, 124 UGB-KomE.
[44] Zum Vergabeverfahren *Cordes*, Umweltwerbung, 1994, S. 33 ff.; wie hier *Di Fabio*, JuS 1997, 1 ff. (3).

der-Verhältnis angesprochen. Die vom Bund ausgesprochene Warnung mag zwar beim Bürger eine besondere Wirkung entfalten, die um so wichtiger erscheint, als sie die Gefahr widersprüchlicher Informationen durch regional differenzierte Entscheidungszentren ausschließt. Erinnert sei in diesem Zusammenhang nur an das „Informationschaos" im Anschluß an die Reaktorkatastrophe in Tschernobyl, das schließlich zu einer Bundeszuständigkeit gemäß § 9 StrVG geführt hat. Abgesehen von solchen spezialgesetzlich geregelten Fällen und einer ungeschriebenen Notkompetenz des Bundes (aus der Natur der Sache) für überregional bedeutsame Warnungen bei Gefahr im Verzug sind staatliche Informationsmaßnahmen indirekter Verhaltenssteuerung jedoch grundsätzlich den administrativen Handlungsformen zuzuordnen.[45] Zuständig sind demnach regelmäßig die Länder und gerade nicht der Bund. Dies gilt in den vom Bund geregelten Bereichen und erst recht (nämlich ausschließlich) im Bereich landesgesetzlich eröffneter Handlungsbereiche.

Der Verweis auf grundrechtliche Schutzpflichten darf die Zuständigkeit der Länder ebensowenig aushebeln wie der inflationäre Rückgriff auf den dogmatisch wenig abgesicherten Begriff gubernativer Staatleitung, der eine Zuständigkeit der Bundesregierung ohnehin nur für appellative oder symbolischen Gesten zu begründen vermag und zudem auch von den Landesregierungen für sich reklamiert werden darf. Allerdings wird einzuräumen sein, daß im Rahmen der allgemeinpolitischen Auseinandersetzung der Bund auch einmal zu Landesangelegenheiten und umgekehrt die Länder einmal zu Bundesangelegenheiten Stellung nehmen dürfen.

Zum anderen sind staatliche Stellen lediglich im Rahmen der ihnen zugewiesenen *Aufgaben* auch für konkrete Informationsmaßnahmen zuständig, wobei an dieser Stelle noch offen bleiben kann, ob der Gesetzesvorbehalt weitere Anforderungen stellt.

Daß Maßnahmen lenkender Informationen grundsätzlich nicht außerhalb der Vollzugskompetenzen der Länder stehen, scheint bisweilen auch vom Bundesverwaltungsgericht nicht gesehen zu werden.[46] Eine verfassungsunmittelbare Informationszuständigkeit der Gubernative dürfte nur in besonders gelagerten Ausnahmefällen anzunehmen sein. Zur Überspielung der Gesetzesvollzugszuständigkeiten der Länder kann dieser Weg aber grundsätzlich nicht gegangen werden. Dies umso weniger, als mit dem Absehen von dem Erfordernis konkreter Aufgabenzuweisungen der Schritt zum allzu lockeren Umgang mit dem rechtsstaatlichen Fundamentalprinzip konkreter Eingriffsermächtigungen nicht mehr weit ist.

---

[45] *Di Fabio* (Fn. 44), S. 3 f.
[46] BVerwGE 87, 37 ff. – Glykol.

3. Grundrechte

a) Leistung oder Belastung?

Mit einer – denkbaren – Einstufung der influenzierenden Information (auch) als Leistungsangebot des Staates gegenüber der Öffentlichkeit droht ihr rechtlicher Charakter in den wirklich kritischen Fällen bisweilen eher vernebelt als erhellt zu werden. Dies gilt jedenfalls dann, wenn hierüber der Eingriffscharakter vernachlässigt würde. Es handelt sich bestenfalls um ein Verwaltungshandeln mit Doppelwirkung, also mit begünstigenden und belastenden Wirkungen zugleich.

Zwar mag eine warnende staatliche Information sich auch als Dienst an der Gemeinschaft darstellen, bei den Herstellern verrufener Produkte sieht dies aber ganz anders aus. Zumindest bei produktbezogenen Verbraucherinformationen unter den Bedingungen einer Mediengesellschaft tritt nicht selten eine erhebliche belastende Wirkung gegenüber Anbietern und Wettbewerbern ein, sei es, daß ein Produkt durch eine öffentliche Empfehlung gegenüber anderen begünstigt oder unter dem Hinweis auf mangelnde Umweltverträglichkeit benachteiligt wird. Noch gravierender ist die Intervention in das Marktgeschehen im Falle der Warnung (z. B. wegen Strahlenexposition bestimmte Freilandgemüse nicht zu kaufen oder etwa den Kauf bestimmter Reinigungsmittel wegen ihrer umweltbelastenden Nebenwirkungen zu unterlassen).

Es handelt sich jedenfalls um einen auch belastenden Einsatz von Hoheitsgewalt. Der Staat verzichtet hierbei zwar auf weitergehende Regelungen in Gestalt von Produktions-, Verkaufs- und Verzehrbeschränkungen, nimmt aber insoweit Hoheitsgewalt in Anspruch, als er der Information staatliche Autorität verleiht. Bei geschickter Nutzung öffentlicher Befürchtungen oder auch nur Besorgnisse können derartige Warnungen einem Handlungszwang durch Informationsdruck gleichkommen.

Von privaten durch die Meinungsfreiheit geschützten Informationen unterscheidet sich die staatliche (oder dem Staat zurechenbare) Information vor allem durch ihre unmittelbare Gebundenheit an die Grundrechte, wobei auf die Abgrenzungsprobleme bereits hingewiesen wurde.

b) Eingriffsqualität von Informationsakten

aa) Allgemeines

Mit der Feststellung der Belastungsqualität staatlicher Informationsakte ist der Weg für die Frage geebnet, ob insoweit Eingriffe vorliegen. Wird ein informationeller Eingriff in Grundrechtspositionen durch Informationsakte bejaht, unterfällt das staatliche Informationshandeln dem Gesetzesvorbehalt mit der Folge, daß bereits das Fehlen einer gesetzlichen Grundlage zur Rechtswidrigkeit führt. Der rechtsstaatliche Gesetzesvorbehalt ist auf diese Weise zur Achillesferse staatlicher Informationen geworden. Die Verneinung seiner Relevanz scheint in der Vergangenheit zur Rechtferti-gung staatlicher Informationen ebenso gedient zu haben[47] wie umgekehrt die in jüngerer Zeit bisweilen übersteigerte Betonung des Gesetzesvorbe-halts für Informationen zur Illegalisierung oder doch starken Zurückdrän-gung staatlicher Informationshandlungen zu führen droht.[48] Entweder die Eingriffsqualität von Informationsakten wird verneint oder es werden for-mell-gesetzliche Grundlagen geschaffen bzw. solche als Befugnisnormen interpretiert. Beide Wege sind gegangen worden.[49] Gleichwohl hat sich eine wirklich überzeugende Lösung des Problems bisher nicht finden lassen.[50]

Letztlich tut eine differenzierende Betrachtung der Eingriffsproblematik von staatlichen Informationsakten not. Dies zeigt schon das breite Spek-trum informationeller Meinungsbeeinflussungen. Bleibt etwa die Auf-klärung oder behördliche Beratung ohne einen spezifischen Grundrechts-bezug im Sinne einer möglichen Belastung einzelner, kann von einem Ein-griff nicht die Rede sein. Dagegen wird man im Ergebnis um die Feststel-lung eines Eingriffes kaum vorbei kommen, wenn die Behörde beispielsweise vor namentlich genannten Produkten warnt, indem sie den Kauf als moralisch verwerflich oder sozialschädlich bewertet. Problema-tisch sind im wesentlichen die in der Zielsetzung und Wirkung häufig dif-fusen Informationsakte, in denen eine konkrete Lenkungsabsicht mit spür-baren Folgen für den betroffenen oder lediglich drittbetroffenen Bürger nicht erkennbar zu Tage tritt. Hier teilen die informationellen Instrumente das Schicksal mit anderen Instrumenten indirekter Verhaltenssteuerung, deren Lenkungsunschärfe auf der einen Seite die erhoffte Steuerungswirk-samkeit in Frage stellt und dadurch auf der anderen Seite erst die maßgeb-lichen Rechtsprobleme schafft. Denn dort, wo sich staatliche Steuerung auf einen Anstoß zur freiwilligen Selbststeuerung beschränkt, wird die Ein-griffsbestimmung nach den üblichen formalen Kriterien angreifbar oder doch jedenfalls zweifelhaft.

bb) Eingriffsvoraussetzungen

Zu den grundlegenden Aussagen der modernen grundrechtlichen Eingriffsdogmatik gehört die Feststellung, daß nicht nur imperative, son-dern auch faktische Maßnahmen geeignet sind, einen der öffentlichen Ge-walt zuzurechnenden Grundrechtseingriff herbeizuführen. Ein Eingriff

---

[47] Vgl. etwa *Pitschas* (Fn. 11), S. 238 ff.

[48] Vgl. etwa *Di Fabio*, Risikoentscheidungen im Rechtsstaat, 1994, S. 416 ff.

[49] Zusammenfassend *Schulte* (Fn. 27), S. 85 ff.

[50] Immerhin sehen die beiden Entwürfe zum Umweltgesetzbuch nunmehr ausführ-liche Regelungen zu den differenzierten Erscheinungsformen staatlicher Umweltinfor-mationen vor, siehe oben, S. 22 f. mit Fn. 39 und 40.

liegt jedenfalls immer dann vor, wenn dem einzelnen ein Verhalten, das in den Schutzbereich eines Grundrechts fällt, unmöglich gemacht wird. Dies ist dann der Fall, wenn der Staat dem einzelnen faktisch keine Wahl läßt, sich für oder gegen eine bestimmte Alternative zu entscheiden. Sind solche Fälle des echten „freiwilligen Zwanges" noch relativ leicht als eingriffsgleiche Maßnahme zu behandeln, so fällt das ungleich schwerer, wenn kein faktischer Zwang ausgeübt, aber doch fühlbar gesteuert wird, d. h. der Bürger nur halb „freiwillig", jedenfalls nicht ganz freiwillig handelt. Wenn auf diese Weise eine Freiheitsausübung nicht unmöglich gemacht wird, aber gleichwohl eine Bewertung der Freiheitsausübung dergestalt erfolgt, daß sie als „unerwünscht" mit einem Nachteil – oder ökonomisch: mit einem negativen Anreiz – belegt wird, erscheint die Eingriffsfeststellung nicht unproblematisch. Der durch Informationen ausgeübte staatliche Druck gegenüber dem Bürger, unerwünschte Freiheitsausübungen zu unterlassen, macht die Freiheitsausübung zwar nicht unmöglich, aber erschwert sie doch erheblich und zwar in grundrechtsrelevanter Weise.

Einfache Lösungen sind hier nicht zu haben. Vielmehr tut Differenzierung not. Schon die Erschwerung der Freiheitsausübung durch faktischen oder moralischen Druck kann – wie das Bundesverwaltungsgericht zur öffentlichen Kritik an den wissenschaftlichen Arbeiten eines Hochschullehrers festgestellt hat – einen Eingriff in die grundrechtlich geschützte Forschungsfreiheit (Art. 5 Abs. 3 GG) darstellen, da die „wissenschaftliche Verurteilung" des Professors durch ein Fachgremium geeignet sei, sein Ansehen als Wissenschaftler zu beeinträchtigen.[51] Demnach kommt es für die Bejahung eines Eingriffs maßgeblich darauf an, inwieweit an die intendierte Verhaltenssteuerung ein Nachteil im geschützten Freiheitsbereich geknüpft wird. Bewertet der Staat ein Verhalten als unerwünscht, um die Entscheidung des betroffenen Grundrechtssubjektes (Verbrauchers) zum Anlaß zu nehmen, das Verhalten Dritter (Hersteller) gezielt zu beeinflussen, so liegt hierin ein Eingriff in die von dieser Bewertung negativ betroffenen Grundrechtspositionen.[52] Der Grundrechtseingriff gegenüber dem Verrufenen ist somit unverkennbar.

Der Umstand allein, daß sich der staatliche Lenkungsimpuls erst über die eigene Entscheidung des Adressaten vermittelt, steht der Annahme eines zielgerichten Eingriffs in die Grundrechtsposition desjenigen, der von den beabsichtigten Folgen der Verhaltensänderung betroffen ist, nicht entgegen. Wie das Bundesverwaltungsgericht in der „Osho-Entscheidung" ausgeführt hat, ist die Zielrichtung des Verwaltungshandelns ein „tragendes

---

[51] BVerwG, NJW 1997, 1996 ff. (1998).

[52] Zur finalen Informationsmaßnahme als Eingriff *Di Fabio* (Fn. 48), S. 427 ff.; *Murswiek*, DVBl. 1997, 1021 (1025 ff.), *Heintzen*, VerwArch. 1990, 532 (548 f.); zum Ganzen auch *Maurer*, Allgemeines Verwaltungsrecht, 10. Aufl., 1995, S. 391 ff.

Kriterium" für die Annahme eines Grundrechtseingriffs.[53] Schon die finanzielle Förderung des privaten Vereins, der die Warnung vor „Jugendsekten" zum Ziel hatte, ist bekanntlich als Eingriff in die Grundrechte der Betroffenen aus Art. 4 GG gewertet worden. Dem Staat komme es zwar nicht darauf an, der klagenden Weltanschauungsgemeinschaft Nachteile zuzufügen, vielmehr wolle er Wirkungen in der Öffentlichkeit erzielen. Die Nachteile für den Kläger seien aber das zwangsläufige und sichere Ergebnis, gleichsam die „Kehrseite" der erstrebten Beeinflussung der Öffentlichkeit. Auf das herkömmliche Eingriffskriterium der „Schwere" von mittelbaren Grundrechtsbeeinträchtigungen könne daher zur Eingriffsfeststellung verzichtet werden.

Obwohl dieses Anknüpfen am „Vorsatz" der Verwaltung manche tatsächliche Schwierigkeit in sich birgt, erlaubt das Finalitätskriterium doch relativ klare Abgrenzungen, zumal es im öffentlichen Recht maßgeblich auf „objektive" Finalität (Beurteilung des Verwaltungshandelns vom objektiven Horizont des Informationsempfängers her) ankommt. Ist die Finalität zu bejahen, kann es auf die Mittelbarkeit des Eingriffs – also letztlich einer Kausalitätsvorstellung – nicht ankommen.[54] Gezielte Grundrechtseingriffe tatsächlicher Art müssen insoweit imperativen Eingriffen regelnder Art grundsätzlich gleichgestellt werden. Dies gilt nach der Auffassung des Bundesverwaltungsgerichts auch dann, wenn der maßgebliche Wirkungszusammenhang nur ein mittelbarer ist, der aber gleichwohl vom handelnden Staat insgesamt beherrscht wird.[55] Staatliche Informationen sind demnach als Eingriff zu qualifizieren, wenn sie final auf die Verwirklichung eines Verhaltenserfolges im Schutzbereich eines Freiheitsrechts gerichtet sind. M. a. W.: Bereits die gezielte Instrumentalisierung der Entscheidungsfreiheit des einen Grundrechtsträgers zu Lasten der Entscheidungsfreiheit des anderen Grundrechtsträgers unterfällt dem Gesetzesvorbehalt.

cc) Eingriff in Möglichkeiten des sozialen Kontakts

Damit wird der Weg frei für eine stärker auf das Schutzgut bezogene Eingriffsdogmatik: Im jeweils geschützten Freiheitsbereich ist nicht nur die Freiheit zur Willensentschließung und ihre Betätigung geschützt, sondern auch eine Freiheitsverwirklichungschance, nämlich die Chance, Möglichkeiten des sozialen Kontakts zu verwirklichen.[56] Ist ein Eingriff deshalb zu bejahen, weil der „geschützte Lebensbereich" beeinträchtigt werde[57] oder

---

[53] BVerwGE 90, 112 (118 ff.).
[54] So im Anschluß an BVerwGE 90, 112 ff. auch *Murswiek* (Fn. 52), S. 1025.
[55] BVerwGE 90, 112 ff. (120).
[56] So auch *Murswiek* (Fn. 52), S. 1026.
[57] BVerwGE 90, 112 ff. (121) – Osho.

„Nachteile" für den geschützten „Freiheitsraum"[58] hervorgerufen würden, so knüpft die Eingriffsfeststellung an die Chance an, die geschützte Freiheitsposition im kommunikativen Kontakt zwischen Hersteller und Verbraucher zu realisieren. Wenn das Bundesverwaltungsgericht im Glykol-Urteil[59] einen Eingriff annimmt, weil die Wettbewerbsposition des Unternehmers verschlechtert und seine „beruflichen Entfaltungsmöglichkeiten" beeinträchtigt würden, erkennt es im Bereich der Berufsfreiheit als Schutzgut die Chance des Herstellers an, seine Produkte zu verkaufen. Insoweit folgerichtig ist im Schrifttum für die grundrechtliche Bewältigung produktbezogener Verbraucherinformationen bereits vorgeschlagen worden, den Kommunikationsprozeß zwischen Hersteller und Verbraucher selbst als grundrechtlich geschütztes Gut zu begreifen.[60]

Wie auch immer man das Schutzgut im einzelnen bestimmt: Die gezielte Vereitelung oder Erschwerung der Verwirklichung von grundrechtlich geschützten Interaktionschancen ist regelmäßig als Eingriff zu werten. Dies gilt zum einen unabhängig davon, ob der entstandene Nachteil schwer und unerträglich ist. Zum anderen ist es für die Eingriffsbestimmung unerheblich, ob die Maßnahme auch die Entschließungsfreiheit im geschützten Freiheitsbereich beeinträchtigt. Demnach sind die Auswirkungen des Verbraucherverhaltens keineswegs bloß gewollte oder in Kauf genommene Nebenwirkungen, die in eher verwegenen Konstruktionen dem Staat erst als solche zugerechnet werden müßten. Warnt der Staat vor Produkten, so ist in der Warnung selbst der Eingriff zu erblicken und das mit dem Eingriff intendierte Verbraucherverhalten lediglich Eingriffsfolge.[61] Wenn der Staat über die bloß informative Unterrichtung der Öffentlichkeit hinausgeht und mit Werturteilen das Verhalten der Verbraucher zu beeinflussen sucht, wirkt er damit regelmäßig zugleich in zielgerichteter Weise auf die sozialen Interaktionschancen des Herstellers ein. Das Einwirken auf die Warnungsbetroffenen stellt sich somit als „notwendige Kehrseite" der Beeinflussung der Warnungsadressaten dar.

dd) Tatsächliche Informationsfolgen

Dieser in der doppelten Wirkungsstruktur von Warnungen angelegte und regelmäßig beabsichtigte Steuerungserfolg braucht die Absatzchancen des Herstellers zwar nicht völlig zu vereiteln. Vor allem die anhaltende Wirkungslosigkeit langjähriger Anti-Zigaretten-Kampagnen zeigt, daß ein-

---

[58] BVerwGE 82, 76 ff. (79) – Transzendentale Meditation.
[59] BVerwGE 87, 37 (39 ff.) – Glykol.
[60] *Philipp*, Staatliche Verbraucherinformationen im Umwelt- und Gesundheitsrecht, 1989, S. 150 ff.
[61] *Murswiek* (Fn. 52), S. 1026.

zelne spektakuäre Fälle erfolgreicher Warnungen nicht vorschnell genera-
lisiert werden dürfen. Für die Feststellung eines Eingriffs kommt es aber
nicht darauf an, ob sich das intendierte Verhalten der Warnungsadressaten
spiegelbildlich als Nachteil auf seiten des Warnungsbetroffenen tatsächlich
niederschlägt. Als Folge des Eingriffs wird der konkrete Umfang dieser
Nachteile erst bei der Eingriffsrechtfertigung oder der Staatshaftung rele-
vant.[62] Für die Eingriffsqualifikation reicht es aus, daß eine behördliche Information auf ein nachteiliges Verhalten für Dritte zielt (und die Ungeeignetheit der wertenden Information nicht von vornherein erkennbar ist).

c) Aufgaben- und Befugnisnormen

Zumindest bei Produktinformationen, aber auch bei Informationen, die
sich gezielt gegen konkrete oder konkretisierbare Personen richten, unterfällt das Informationshandeln des Staates dem Gesetzesvorbehalt. Die
bloße Zuweisung staatlicher Aufgaben reicht für diesen Gesetzesvorbehalt
nicht aus. Insbesondere dann, wenn es sich um eine gezielte Information
verhaltenssteuernder Art (also um Lenkungsinformationen i. e. S.) handelt,
wird man eine Zuständigkeit jeder staatlichen Stelle als Annex ihrer jewei-
ligen Sachkompetenz kaum annehmen können. Anderes mag etwa für die
Frage der Zuständigkeit für Statistiken gelten, die typischerweise keine
Lenkungsinformationen sind.

Deshalb ist für Informationseingriffe grundsätzlich eine gesetzliche
Grundlage zu fordern. Die Zahl der gesetzlichen Ermächtigungen hat sich
in jüngerer Zeit signifikant erhöht. Den praktisch wohl wichtigsten Bereich
bildet das Lebensmittelrecht, wo behördliche Warnungen durch die lan-
desrechtlichen Ausführungsgesetze zum Lebensmittel- und Bedarfsgegenständegesetz (LMBG) gesetzlich geregelt und vor allem beschränkt sind.
Nach § 13 BadWürttAGLMBG[63] muß zumindest der Verdacht bestehen,
daß das Produkt die Gesundheit der Verbraucher schädigt oder beeinträchtigt und nicht durch eine andere ebenso wirksame Maßnahme abge-
wehrt werden kann. Nachdem im Bundesrecht spezielle Ermächtigungsgrundlagen vor allem in § 6 Abs. 1 S. 2 GSiG, in § 69 Abs. 4 AMG und zuletzt etwa in § 6a der 22. BImSchV geschaffen wurden, liegt nunmehr mit
§ 8 ProdSG eine fachgesetzübergreifende (aber dabei viele Ausnahmen
kennende[64]) Befugnisnorm für behördliche Produktinformationen vor. Sie
stellt damit so etwas wie die Vorform eines „Allgemeinen Teils" bereits be-
stehender Gesetze mit Regelungen zur Sicherheit einzelner Produkte dar,

---

[62] *Murswiek* (Fn. 52), ebd.
[63] Ausführungsgesetz zum Lebensmittel- und Bedarfsgegenständegesetz i. d. F. vom
9. 7. 1991, GBl. BW S. 473.
[64] Siehe insbesondere die Ausnahmefälle in § 2 Abs. 3 ProdSG.

die bisher über keine Befugnisnorm für behördliche Produktinformationen verfügen. Allerdings regelt § 8 ProdSG ausschließlich nachträgliche Warnungen, die über eine nach Inverkehrgabe der Produkte auftretende Gefahr informieren. In den übrigen Fällen informativer Lenkung wird die Behörde durch § 7 Abs. 3 ProdSG lediglich ermächtigt, Hersteller, Händler oder Dritte durch Verwaltungsakt zu verpflichten, der Öffentlichkeit Gefahrenhinweise zu erteilen. Auch im Arzneimittelrecht ist gerade dieser Aspekt sehr stark ausgebaut worden.

Ob § 7 Abs. 3 ProdSG auch für Empfehlungen gilt, dürfte indessen zweifelhaft sein. In dem Maße, wie die konkrete Empfehlung dem Adressaten keine Handlungsalternativen läßt, müßte sie den strengen Rechtmäßigkeitsvoraussetzungen für behördliche Warnungen nach § 8 S. 2 ProdSG unterworfen werden. Weitergehende landesrechtliche Vorschriften bleiben jedoch unberührt. So ist beispielsweise die Zulässigkeit einer Warnung in den Ländern Baden-Württenberg, Brandenburg und Thüringen im Gegensatz zu § 8 S. 2 ProdSG nicht vom Bestehen einer Gefahr im Verzug abhängig.[65]

Auch die §§ 107 UGB-ProfE, 214 Abs. 2 UGB-KomE knüpfen die allgemeine Befugnis, Warnungen, Empfehlungen und Hinweise für umweltgerechtes Verhalten auszusprechen, lediglich an das Erfordernis überwiegender Gründe des Wohls der Allgemeinheit. Mit solchen weiten, freilich konkretisierungsbedürftigen Ermächtigungsgrundlagen kann auch der Befürchtung entgegengewirkt werden, der Gesetzesvorbehalt werde zur Lähmung staatlichen Informationshandelns führen. Dies wäre erst dann der Fall, wenn zu eingehende gesetzliche Determinierungsanforderungen an die Ermächtigung gestellt würden.

4. Inhaltliche Vorgaben

Selbst wenn man ein allgemeines Mandat des Staates zu influenzierender Information und „Herrschaftsausübung durch geistigen Einfluß"[66] annehmen und – entgegen der hier vertretenen Ansicht – eingreifende oder eingriffsgleiche Informationsakte nicht bereits am Fehlen einer konkreten Rechtsgrundlage scheitern lassen wollte, müssen diese zumindest hinsichtlich ihres Inhaltes einer Rechtskontrolle unterliegen, soll das Informationshandeln des Staates nicht zur einer Entledigung von jeglichen Rechtsbindungen führen.[67]

Von vornherein unbedenklich dürften Warnungen vor gesetzeswidrigen Produkten sein. Bei erwiesener Umwelt- oder Gesundheitsschädlichkeit

---

[65] § 13 BadWürttAGLMBG, § 12 BbgAGLMBG und § 9 ThürAGLMBG lassen das Vorliegen einer konkreten Gefahr ausreichen.

[66] *Herzog*, Allgemeine Staatslehre, 1971, S. 167.

[67] Zum Stand der Rechtsprechung *Leidinger* (Fn. 23), S. 930 ff.

eines (gleichwohl nicht konkret verbotenen) Produkts sind Verhaltensempfehlungen und Warnungen als (mildere) Alternativen zu an sich eben-
falls möglichen Beschränkungen oder Verboten rechtlich grundsätzlich
nicht zu beanstanden. In anderen Fällen ist das Informationshandeln rechtmäßig, wenn allgemeine und spezielle Rechtmäßigkeitsanforderungen eingehalten sind. Zu
den allgemeinen Rechtsmäßigkeitsanforderungen zählen die formellen
Voraussetzungen, das Übermaß- und das Willkürverbot. Zu den speziellen
Zulässigkeitsvoraussetzungen gehört die Erweislichkeit oder doch sorgfäl-
tige Absicherung einer Information. Die zutreffende, objektive, neutrale
und sachkundige (oder – im Falle fehlender Erweislichkeit – jedenfalls sachkundig gefundene) staatliche Information ist jedenfalls dann als rechtmäßig
anzusehen, wenn sie noch nicht die Intensität einer Warnung mit einer sub-
jektiven Wertung enthält. Problematisch ist hingegen, wenn der Staat sich
auf influenzierende Informationspolitik beschränkt, weil er sich seiner
Sache nicht sicher ist und den möglichen Entschädigungsfolgen eines even-
tuell rechtswidrigen Verbotes ausweichen will. Wirkt die staatliche Warnung ähnlich wie ein staatliches Verbot, müssen die Verbotsvoraussetzun-
gen (z. B. eine gewichtige und erweisliche) Gefahr vorliegen.

5. Haftungsrechtliche Konsequenzen

Insbesondere behördliche Produktinformationen bergen aufgrund ihrer
bisweilen für die Behörde nicht zu überschauenden Wirkungsintensität erhebliche staatshaftungsrechtliche Risiken.[68] In Betracht kommt neben der
verschuldensabhängigen Amtshaftung nach § 839 BGB i. V. m. Art. 34 GG
auch eine verschuldensunabhängige Haftung aus enteignungsgleichem Eingriff.

Das Produktsicherheitsgesetz hat – in seinem Geltungsbereich – für
behördliche Warnungen zwar nunmehr strenge Rechtmäßigkeitsvoraussetzungen aufgestellt, weist aber keineswegs eine umfassende oder gar er-
schöpfende Regelung staatlicher Informationstätigkeit auf. Vor allem die
fehlende Präzisierung von Rechtmäßigkeitsanforderungen für behördliche
Empfehlungen dürfte das Staatshaftungsrecht zur nachträglichen Bestim-
mung der einzuhaltenden Amtspflichten auf den Plan rufen. Dies umso
mehr, als § 8 ProdSG die Warnung nunmehr ausdrücklich an das Vorliegen
einer Gefahr im Verzug knüpft, mithin für „einfache" Gefahrenlagen und
erst recht für bloße Risikolagen sperrt.

---

[68] Vgl. LG Stuttgart, NJW 1989, 2263 ff. – Birkel; aus dem Schrifttum etwa *Ossenbühl*,
ZHR 155 (1991), 329 ff.; zur Amtshaftung nach dem Produktsicherheitsgesetz
Tremml/Nolte, NJW 1997, 2265 ff.

Es sind aber gerade die „einfachen" Gefahrenlagen, die einen wichtigen Gegenstand behördlicher Informationstätigkeit ausmachen. Für diese Fälle normiert § 8 i. V. m. § 7 Abs. 3 ProdSG eine neuartige Amtspflicht, wonach die Behörde nicht mehr selbst informieren, sondern in erster Linie den Hersteller bzw. Händler durch Verwaltungsakt zu Hinweisen und Empfehlungen an die Öffentlichkeit verpflichten muß. Dabei sollte die Behörde dem Adressaten zur Vermeidung ihres Verschuldens gestatten, die Verbraucher über das bestehende Fehlerrisiko aufzuklären.[69] Informiert die Behörde selbst, hat sie die nunmehr ausdrücklich festgeschriebene Subsidiarität behördlicher Warnungen zu beachten. Insbesondere müssen ihre Warnungen auf sachkundig gefundenen Informationen (ggf. auch Untersuchungen) beruhen.

Insgesamt ist bei staatlichen Warnungen auch zu berücksichtigen, daß ein gezieltes Verkehrsverbot oder die Anordnung eines Rückrufs durch den Hersteller gegenüber Warnungen durchaus vorzuziehen sein können. In der Erfüllung der Amtspflicht zu verhältnismäßigem Handeln kann der beherzte Griff zum „harten" Ordnungsrecht letztlich freiheitsschonender sein als das Ausweichen auf vermeintlich „weiche" Informationen, die ohne Zwangswirkungen eine unkontrollierte (und unkontrollierbare) Breitenwirkung in der Öffentlichkeit entfalten. Hier bewahrheitet sich, daß die Freiheit des Bürgers beim imperativ handelnden (und kontrollierten) Staat nicht selten besser aufgehoben ist als beim weichen, nur influenzierenden Staat. Zudem ist der Bürger – wie erwähnt – gegenüber Ge- oder Verboten erheblich wehrfähiger als gegenüber sanften Einflüssen.

C. Schluß und Zusammenfassung

I. Schluß

Läßt man die rechtliche Entfaltung staatlicher Informationsakte Revue passieren, so dürften zwei Entwicklungen von besonderer Tragweite sein:

Zum einen offenbart sich etwa in den Regelungen des Produktsicherheitsgesetzes ein teilweise noch näher auszugestaltendes Prinzip der grundsätzlichen Subsidiarität staatlicher Informationen gegenüber privaten Informationen. Das Produktsicherheitsgesetz weist hier den richtigen Weg. Informative Maßnahmen des produzierenden Unternehmens bzw. des Händlers haben vor behördlichen Warnungen grundsätzlich einen Vorrang, soweit die Eigenmaßnahmen des Herstellers oder Vertreibers die Gefahr genauso wirksam (oder – weil das Unternehmen einen schnelleren Zugang zu den Informationen hat – sogar wirksamer) beseitigen können. Auf

---

[69] *Tremml/Nolte* (Fn. 68), S. 2269.

diese Weise wird das Dreiecksverhältnis zwischen eingreifendem Staat, Verbraucher und betroffenem Hersteller auf ein zweiseitiges Verhältnis reduziert. Warnungsadressat und -betroffener sind (wieder) identisch. Es ist der Verbraucher, der dem Unternehmen gegenübersteht. Sicherlich ist diese „Privatisierung des Eingriffs" mit Risiken (etwa der fehlenden Warnungsbereitschaft Privater oder der Verharmlosung) verbunden. Für den betroffenen Verbraucher steht zivilrechtlicher Schutz aber hinreichend zur Verfügung.

Zum zweiten kristallisiert sich in den behördlichen Warnungen, Empfehlungen und kritischen Hinweisen eine eigenständige Handlungsform informationeller Instrumente heraus, die es nicht mehr zuläßt, diese unter den weiten und differenzierungsbedürftigen Begriff informalen Verwaltungshandelns allein zu subsumieren. Der notwendige Normierungsprozeß hat – wie erwähnt – längst durch mannigfaltige Einzelregelungen begonnen und muß zusammenfassend weitergeführt werden, wie dies der UGB-ProfE sowie der UGB-KomE für den Bereich des Umweltschutzes vorschlagen. Mit der erfolgten oder künftigen Normierung der Information wird immer stärker bewußt, daß das Verwaltungsrecht, besonders aber das Umweltrecht, in einer Informationsgesellschaft immer mehr auch zu einem Informationsverteilungs- und -beschaffungsrecht wird.

Bei Lichte betrachtet, ist das Recht – ganz allgemein – stets maßgeblich auch eine Lenkung durch Information. Gewiß ist die Erzwingung der Rechtsverwirklichung durch Vollstreckung axiomatischer Ausgangspunkt der meisten rechtlichen Regelungen: Man kann die Rechtseinhaltung notfalls erzwingen. Die bloße Information über die Erzwingbarkeit ist aber auch dabei faktisch der entscheidende Lenkungsfaktor, jedenfalls was die Breitenwirkung betrifft. Unter einem allgemeinen Gesichtspunkt wird damit deutlich, was unter Informationsaspekten Recht eigentlich ist: Eine in Paragraphenform gefaßte Information über die verbindlichen Regeln, die eine Gesellschaft sich für das Zusammenleben gegeben hat. Insoweit sind staatliche Rechtsnormen selbst, aber natürlich auch die staatlichen Rechtsanwendungsentscheidungen (durch Verwaltungsakte und Urteile) zunächst nichts anderes als Informationen, allerdings – und das ist ein wesentliches zusätzliches Kriterium – mit Rechtsverbindlichkeit. So gesehen, sind die hier behandelten Informationen als Lenkungsmittel kein völliger Fremdkörper, sondern ein immanenter Bestandteil eines Rechtssystems, das eben gerade auch ein Informationssystem ist und künftig diesen Charakter noch weiter ausbauen wird.

So bleibt die Schluß-Folgerung: Jede Rechtsnorm ist auch eine Information, aber nur ein ganz geringer Teil aller Informationen sind Rechtsnormen. Erst diese informationelle Selbstbesinnung des Rechts ermöglicht die tragende Akzeptanz der informationellen Instrumente des Staates durch die Rechtsordnung.

II. Zusammenfassung

1. In einer Informationsgesellschaft sind Informationen wichtige Handlungsvoraussetzungen sowohl für die Bürger wie für den Staat. Gegenüber dem Bürger nutzt der Staat Informationen als Lenkungsmittel, die auf die Motivation der Bürger einwirken. Warnungen vor Jugendsekten oder vor schädlichen Lebensmitteln sind wichtige Beispiele.

2. Der so nicht ge- oder verbietend vorgehende Staat greift zu derartigen indirekten Steuerungsmitteln, u. a. um das Fehlen effektiver Zwangs- und Erzwingungsmittel zu kompensieren oder um verhaltensstabilisierend zu wirken.

3. Staatliches Informationshandeln kann individualbezogen sein, z. B. durch Auskünfte und Beratungen. Hinsichtlich der gerade im Umweltschutz wichtigen öffentlichkeitsbezogenen Informationstätigkeit des Staates kann zwischen den Typen der Berichterstattung, der Öffentlichkeitsarbeit, der Erziehung, der (allgemeinen) Aufklärung und der (konkreten) Lenkungsinformationen i. e. S. unterschieden werden. Dabei schälen sich behördliche Warnungen und Empfehlungen zunehmend als eigenständiges Handlungsmittel heraus.

4. Ausgangspunkt der rechtlichen Beurteilung staatlichen Informationshandelns ist seine Qualifikation als indirekte Verhaltenssteuerung. Bei ihr verbleibt im Gegensatz zum imperativen Staatshandeln dem Bürger ein Letztentscheidungsrecht zwischen gleichermaßen legalen, aber nicht gleichermaßen erwünschten Verhaltensalternativen. Der rechtliche Schutz gegen indirekte Steuerungsformen führt zu erheblichen Schwierigkeiten, da es sich um freiwillige Entscheidungen des Bürgers handelt, das öffentliche Recht aber traditionellerweise primär auf die Abwehr staatlichen Zwangs gerichtet ist.

5. Nachdem früher staatliche Informationen als rechtlich weitgehend irrelevantes schlichtes Verwaltungshandelns qualifiziert wurde, überwiegt heute das Bewußtsein ihrer (grund)rechtlichen Relevanz. Dies führt inzwischen zu mannigfaltigen Versuchen der gesetzlichen Regelung staatlicher Informationstätigkeit.

6. Umweltbezogenes Informationshandeln ist sowohl beim Staat wie auch im Unternehmensbereich erkennbar. Indem der Staat privates Informationshandeln fördert bzw. für seine Zwecke instrumentalisiert (wie z. B. beim Umwelt-Audit) kommt es zu komplizierten Zurechnungsfragen zwischen privatem und öffentlichem Recht, wobei letzteres jedenfalls einen Minimalschutz bietet.

7. Staatliches Informationshandeln ist – jedenfalls außerhalb der allgemeinpolitischen Auseinandersetzungen – an die (vor allem bundesstaatliche) Zuständigkeitsordnung gebunden. Der Hinweis auf eine angebliche Informationszuständigkeit der Gubernative kann die föderalisti-

sche Zuständigkeitsordnung nicht durchbrechen und stellt für grund-
rechtsrelevante Informationen keine hinreichende Ermächtigungsgrundlage dar.

8. Bei staatlichen Informationsakten, insbesondere bei Warnungen,
steht der Belastungscharakter im Vordergrund. Sie sind regelmäßig (jedenfalls auch) als Eingriff zu qualifizieren, weil sie final belastend die Möglichkeiten des sozialen Kontakts des „Verrufenen" einschränken, wobei es auf
die tatsächlichen Informationsfolgen nicht ankommt.

9. Wegen des Eingriffscharakters unterliegen jedenfalls Lenkungsinformationen i. e. S. dem Gesetzesvorbehalt. Deshalb stellt die Zuweisung
staatlicher Aufgaben keine hinreichende Ermächtigungsgrundlage für derartige Lenkungsinformationen dar.

10. Warnungen vor nicht rechtswidrigen Produkten oder Verhaltensformen sind (bei hinreichender Ermächtigung) nur zulässig, wenn sie u. a.
nicht gegen die Zuständigkeitsordnung, das Übermaß- und das Willkürverbot verstoßen und wenn sie erweislich wahr sind oder – im Falle objek-
tiv fehlender Erweislichkeit – sorgfältig ermittelt worden sind.

11. Bei rechtswidrigem Informationshandeln trägt der Staat ein hohes
Haftungsrisiko. Er muß insbesondere – soweit gesetzlich verankert – das
Gebot der Subsidiarität staatlichen Informationshandelns gegenüber privaten Warnungen beachten und bei der Gewinnung und Verbreitung von Informationen hinreichend sorgfältig vorgehen.

12. Staatliche Warnungen und Empfehlungen werden immer stärker zu
einer eigenständigen Handlungsform des Staates. Dies fügt sich in ein
modernes Umweltrecht ein, das immer mehr zu einem Informationsver-
breitungs- und -beschaffungsrecht wird. Staatliches Informationshandeln
erweist sich insgesamt als immanenter Bestandteil in einem Rechtssystem,
das immer stärker auch zu einem Informationssystem wird.